Melida Travančić

# Eintritt ins Leere

Übersetzung
aus dem Bosnischen
Danica Nain Rudović

Lyrik in Dialogform

Verlag Expeditionen, Hamburg
Verlag Das bosnische Wort, Wuppertal

Bibliografische Information der Deutschen Nationalbibliothek:
Die Deutsche Nationalbibliothek verzeichnet diese Publikation in der Deutschen Nationalbibliografie; detaillierte bibliografische Daten sind im Internet über http://dnb.dnb.de abrufbar.



Melida Travančić

Eintritt ins Leere

Lyrik in Dialogform

Übersetzung aus dem Bosnischen
Danica Nain Rudović

Redaktion Emina Čabaravdić-Kamber
und Gino Leineweber
Cover-Design Milica Radojević
Buchsatz Gino Leineweber
Printed in Germany

ISBN 978-3-947911-65-3

# Inhaltsverzeichnis

1

Das Schreiben brachte Trost und Hoffnung.
*Wie oft konnte ich das schon hören?*
Fragst du mich?
*Ich sage nur.*
Ach, worüber kann ich noch schreiben?
*Über alles mögliche.*
Soll ich der Welt also etwas zeigen? Mich überzeugst du.
*Niemand muss es lesen. Verbrenne das endlich und befreie dich.*
Das bedeutet, einen Teil von sich selbst zu töten, oder mich ganz.
*Wenn du keine andere Möglichkeit hast?*
Es wäre wünschenswert.

## 2

Wie kann man alles aussprechen was wir denken?
*Einfach.*
Zum Beispiel?
*In den Dialogen.*

## 3

*W… können wir leben in dieser Welt, die uns*
*…cht wirklich gehört?*

D… kst du an die, die uns nicht einen einzi-
g… n Tag gehörten? Nicht mal eine Stunde.

*Ge… u an die.*

W… eben, um zu sterben.

*Ob… ein Leben vor dem Tod besser ist als deines?*

Ja… u hast alles. Du hast mich.

4

Die Kunst ist eine Frage von Leben und Tod.
*Das ist pathetisch und hundert Mal wiederholt.*
Die Kunst ist das Leben und der Tod. Nichts anders.
*Du bist dramatisch.*
Die Kunst ist ernst und nötig.

5

Wenn du dich in der Kunst wiederholst, wird sie langweilig. Wie das Leben.

*Die Rituale sind eigentlich die Antworten, weil dadurch etwas Tieferes entsteht.*

Meinst du, dass die Dinge wiederholt werden müssen?

*Ja. Die Wiederholung ist die Hingabe der Herausforderung.*

Ich lausche. Die Reflexionen schreibe ich auf.

*Worüber?*

Über mich selbst. Über die Welt. Über mich.

6

Die Beziehung zwischen zwei Künstlern ist immer schädlich, aber inspirierend.
*Die fatale Liebe*?
Tragisch, genauer.
*Nichts muss tragisch sein, um Inspiration zu werden.*
*Das ist nur Projektion.*
Ich liebe die fatalen Dinge. Auch die tragischen.

7

*Schaue nicht zum Glück. Suche die Leere.*

Warum?

*Nach allem, mache Kunst.*

Denkst du, dass man das anders betrachten kann?

*Ganz sicher.*

## 8

Ich weiß, dass ich etwas Magisches berührt habe.
*Hast du darüber in deinen Gedichten ge-*
*schrieben?*
Deswegen habe ich das Papier genommen.
*Alles andere ist die Reflexion der Wirklichkeit?*
Nein. Alles ist nur die Reflexion
meiner Weltanschauung.
*Du bist eine glückliche Frau.*
Eines Tages sterbe ich vor Glück.

9

Alle Grenzen habe ich zerstört und danach Gedichte geschrieben.
*Die Grenzen in dir selbst oder um dich herum*?
Sowohl die einen als auch die anderen.
*Was meinst du, was das ist?*
Die Freiheit.

10

*Wegen deines lauten Atems höre ich meine Gedanken nicht.*
Das könnte unüberschaubare Nachteile haben.
*Für wen*?
Für die Kunst.

11

*Ist Kunst realer als die Wirklichkeit*?
Die Kunst vereint.
*Echt*?
Sie filtriert auch.

## 12

*Deine Gedichte handeln von Kunst. Du flüchtest vor den Menschen. Sehr oft auch vor dir selbst.*

Bin ich pathetisch?

*Es geht um die Einsamkeit.*

Du liest tatsächlich meine Lyrik?

*Poesie ist eine Art Vergrößerung.*

Wofür?

*Für die Wirklichkeit.*

## 13

Schreibe ein Wort, ich verwandle
es in Wirklichkeit.
*Wie?*
Durch dein Gesicht. Ich sehe es deutlich.
So, wie ich es nicht sehen möchte.
*Das schaffst du nicht. Jedes Mal, wenn du*
*sehr nah am Ziel bist, ziehst du dich zu-*
*rück.*
Wovor?
*Vor der Angst.*

## 14

*Hast du geschrieben?*

Was?

*Na, die Geschichte.*

Ich habe es nicht geschafft. Ich kämpfe mit der inneren Unruhe. Manchmal auch mit den Menschen.

*Lass sie nicht in dich hineingehen.*

Ich versuche, sie aus mir herauszuziehen.

*Die Unruhe oder die Menschen*?

Die Geschichten.

## 15

*Die Poesie verursacht das Zittern, die Angst ... und Bewegung.*
Wovor?
*Vor den Grenzen der Welt.*
In dir selbst?
*Um mich herum.*
Ich werde in dich hineingehen und die schönsten Gedichte schreiben.
*Aus mir? Von mir?*
Nein, aus mir. Von mir selbst.

## 16

*Deine Lyrik ist wie ein Spiegel.*
Ich bemühe mich, die Vision zu erfrischen.
*Was für eine Vision?*
Die Vergangenheit. Deshalb ist jeder Au-
genblick im Spiegel wertvoll.
*Im Spiegel gibt es nichts. Nur dein Bild.*
Aber das bin ich nicht.
*Was siehst du, wenn du in den Spiegel schaust?*
Die Realität. Sie zieht die Augen an,
ohne dass ich das will.
*Was zeigt die Realität?*
Neujahrsschmuck.
*Welchen Neujahrsschmuck?*
Den, dem keiner Aufmerksamkeit schenkt.

## 17

Er sagt, dass er einen Film nach meinen Geschichten drehen würde.
*Kann ich Spiegel spielen*?
Auf welcher Seite?
*Auf welcher Seite bist du*?
Auf der anderen Seite.

18

*Schreibe eine Geschichte über die Spiegel.*
Welche Spiegel?
*Über die, die zersplittern, wenn sie das*
*Feuer eines Gesichtes überfluten.*
Welches Gesicht?
*Von dem, das sich spiegelt.*
Einer Frau vielleicht?
*Nicht unbedingt. Kann auch von einem Mann sein.*
Mich gibt es nicht vor dem Spiegel.
*Aber dich gibt es im Spiegel.*

## 19

*Wie war sein Tod?*
Ich mag keine Fragen.
*Du hast ihn getötet.*
Ist das so offensichtlich?
*In der Kunst geschieht das, was wir uns*
*in der Wirklichkeit wünschen.*
Du weißt, dass ich kein Pathos mag.
*Wird der Dialog auch Bestandteil der Erzählung?*

## 20

Der Spiegel, in dem ich mich sehen
möchte, ist zersplittert.
*Was jetzt*?
Ich werde mich in deinem Auge spiegeln.

## 21

*Was machst du?*
Ich erkunde die Welt.
*Auf welche Art?*
Die Menschen werden aus ihr ausgeschlossen.
*Wie wirst du die Gedichte schreiben?*
Einfach.
*Aber wo?*
Vor dem Spiegel.

22

*Du liebst mit geschlossenen Augen. Kein Ton, kein Seufzen.*
Ich kann nicht mehr sprechen, nicht vor dir.
Es ist sinnlos.
*Wieso*
Die Worte rauben die Seele.
*Aus dem Körper, aus dem Herz, aus dem Mund gehen Worte heraus.*
Mit diesen Worten wird die Welt, in der wir leben, zerstört.

23

Um schaffen zu können, muss der Mensch beschränkt und böse sein, doch ausdrucksvoll in seinem Wesen.
*Das sind Gefühle.*
Die beste und schönste Kunst entsteht im Unglück.
*Wann bist du unglücklich?*
Wenn ich mir den Teufel austreibe.
*Warum?*
Weil er mich leer macht.
*Wer schreibt die Gedichte? Er oder du?*
Wir ergänzen uns.

24

*Gott war stolz, als er die Welt erschuf.*

Danach sagte er zu sich, dass er bescheidener sein solle. Die Welt allerdings war schon erschaffen. Daran konnte er nichts mehr ändern. Du dekonstruierst große Dinge.

*Gefällt sie dir?*

Was?

*Die Idee von der Weltentstehung?*

Nein. Mir gefällt die Destruktion der Idee über die Weltentstehung.

## 25

Auf meiner Hand befinden sich die Zeichen, die Geschichten erzählen. Sie ergänzen einander.

*Was ergänzt sich? Die Geschichten?*

Die Zeichen.

*An Stelle des Schicksals?*

An Stelle des Todes.

26

*Meine Gedanken gleichen den Schattierun-*
*gen der Konturen und Sonnenstrahlen.*
Sie verflechten sich?
*Man weiß nie, wo sie anfangen oder aufhören.*
Na, wunderbar!
*Was ist wunderbar?*
Aus deinen Gedanken werde
ich eine Geschichte formen.
*Ich wusste, sie werden eines Tages*
*einen entsprechenden Platz er-*
*gattern.*

27

*Die Geschichten mag ich nicht.*

Auch nicht meine?

*Gar keine, auch deine nicht.*

Du übertreibst.

*Ich liebe es, wenn Dinge geschehen. Wenn sie einen Anfang und ein Ende haben. Danach wird alles vergessen.*

Aber Geschichten, wie auch Filme, haben keinen Anfang und kein Ende.

*Alles ist trivial.*

Beinahe wollte ich sagen, dass du fast schwachsinnig klingst.

*Du redest zu viel über die Gründe und Folgen des Lebens.*

In den Geschichten?

*Im Leben.*

Wie komisch du bist!

28

Ich heiße M.
*Ich heiße N.*
Das ist alles, was wir einander sagen sollten.
*Wenn die Dinge nicht aus der Kontrolle*
*geraten wären.*

## 29

Jedes von dir ausgesprochene Wort schneidet mir in die Kehle. Hinterlässt blutige Spuren.

*Wie? Was machst du mit ihnen*?

Ich schlucke sie.

*Wenn du so weiter machst, werde ich platzen.*

Dann wirst du die Welt aus einer ganz anderen Perspektive betrachten. Von oben.

30

Bist du glücklich?
*Einseitig.*
Sei glücklich wegen der Einseitigkeit. Das kann nicht jeder.
*Es geht nicht. Ich bin ein unverbesserlicher Romantiker.*
Du würdest noch jemanden glücklich machen?
*Oder unglücklich. Egal. Der Akzent liegt auf der Gegenseitigkeit.*

31

*Deine Liebe ist wie ein See im Januar.*
Tief.
*Still und zugefroren.*

## 32

Wie ist mein Gedicht?
*Es zeigt, wie ein Augenblick in Endlosigkeit zerfließen kann.*
Für ein Gedicht braucht man keine besonderen Gründe.
*Du zerfließt in zahlreiche Teilchen.*
Wie in den wissenschaftlich-fantastischen Filmen?
*Dann verschmilzt dein Ich mit den Versen, deinem Angesicht und deinem Nachdenken.*
Ist es so?
*Deine Verse erlebe ich schon längst als Leser.*
Wie erlebst du die Lyrikerin?
*Warum ist das so wichtig?*

33

*Ich habe die Leidenschaft verloren.*
In dir gibt es so viel Feuer, du kannst die Leidenschaft nicht verlieren.
*Habe ich die Kunst erwähnt*?
Du hast die Poesie erwähnt.
*Und was ist damit*?
Sie soll bleiben wie sie ist.
*Aber die Poesie, meine Poesie ...*
Wenn du versuchst zu analysieren,
wirst du alles zerstören.
*Du oder ich*?
Ich sage alles.

## 34

*Deine Poesie gleicht einem Krampf, der den ganzen Körper erfasst.*
Alles assoziiert sich am Tod. Zwei Gedanken durchtränkt mit gut versteckten Emotionen.
*In jedem Vers sehe ich mich selbst.*
Wie ins Leben gehe ich ins Papier.
*Bist du glücklich?*
Das Glück ist ein Trugbild, manchmal frisst es einen.

35

*Dein Leben ist nicht schön.*
Auch deines nicht.
*Woher willst du das wissen?*
Und wie weißt du das?
*Während die Menschen um uns herumkreisen, bewegen wir uns nicht.*
Wir haben mit Menschen nichts gemein.
*Nur mit uns selbst.*
In dieser Nacht hat die Welt deine Augen nicht erreicht.
*Na und?!*
In deinen Augen sehe ich nichts.
*Na und?!*

## 36

In diesem Haus gibt es keine Spiegel.
*Wir werden einander in die Augen schauen.*
Dein Gesicht gibt es nicht.
*Du hast dich auf die andere Seite gedreht.*

37

*Was machst du?*
Ich sitze im Dunkeln.
*Du wippst hin und her.*
Nein.
*Welchen Sinn hat es denn, im Dunkeln zu sitzen?*
Ich forme eine neue Welt.
*Mich und dich schließe aber aus.*
Gibt es uns denn?
*Wenn die Finger über den Körper gleiten,*
*fürchte ich, ja.*

## 38

Als ich dich das erste Mal sah, wusste ich gleich, dass du ein Dichter bist. Abartig, aber ein Dichter.

*Abartiger Dichter? Wie sehr du die Pleonasmen liebst.*

Denkst du nicht, dass jeder Dichter von Natur aus abartig sein muss.

*Natürlich. Wie könnte ein gesunder Mensch schreiben?*

Wie du so genau redest.

*Du bist die Abartige.*

Es gibt viele Arten der Abartigkeit.

*Die gefährlichste von ihnen ist, die Neigung zu schreiben.*

## 39

Mir gefällt unser Gespräch.
*Was gibt es da zu gefallen? Unterhaltung wie alle anderen.*
Diese ist sinnlos.
*Gefällt dir mein Gedicht?*
Ein Glück, dass du aufgehört hast, Poesie zu schreiben. Rechtzeitig.
*Noch bevor Rimbaud aufgehört hat.*
Der Titel fasziniert.
*Fantasievoller Junge.*
„Roter Wald“
*Fange nicht mit den Assoziationen an. Es ist Zeit, stehenzubleiben.*
Warum?
*Weil du nur so vor dem Ausbruch der Gefühle gerettet wirst.*

40

*Du dichtest für die Welt.*
Nein. Ich dichte über die Welt.
*Was ist das für ein Unterschied?*
Ein riesiger.
*Jedenfalls ist der Dichter ein Entertainer.*
Du reihst eine Sinnlosigkeit an die andere.
*Wer ist ein Dichter?*
Woher soll ich das wissen?
*Wer bist du?*
Die Frau, die über dich die Wahrheit sagt.
*Manchmal auch über die Welt.*
Manchmal.

## 41

*Ich lese deine Gedichte. Sie sind anders als die früheren.*
Nach dem Gesetz der Dinge, dass sich alles verändert.
*Jedes Wort kann ich fühlen.*
Worte zerstören.
*Diese Dichterin begreift alles, was sie umgibt.*
*Lässt sich nicht zum Spiel verführen.*
Auch nicht von Worten.
*Du hast einen Toten neben dir.*
Ich bin die Lebende.
*Auch das ist wichtig.*

42

Du provozierst mich, Gedichte zu schreiben.
*Weißt du, was das bedeutet?*
Das sind nur Ideen. In Verse geschrieben.
*Jetzt sollte eine bessere Phase kommen.*
Alles was ich dir nicht sagen kann, schreibe ich auf.
*Ich denke, dass die Poesie die vollkommene Art der Kommunikation ist. Sie ist Rettung, Lösung und Vollendung.*
Dazu könnte ich sehr viel sagen.
*Was hindert dich?*
Rücksicht dir gegenüber.

## 43

*Gibt es gesunde Gedanken über Poesie?*
Gesunde Gedanken über Poesie? Das habe ich nie gehört.
*Gesund, weil sie die Frucht der lyrischen Erfahrungen und der Gedanken ist.*
Poesie muss erfühlt werden.
*Sie muss von süßen und leidenschaftlichen Begegnungen mit der Wirklichkeit durchtränkt sein.*
Sprich mir nicht mehr über die Poesie.
*Warum?*
Es ist sinnlos.
*Denkst du, alles darüber zu wissen?*
Ich weiß nicht, ich fühle.

44

Wie klingen für dich die Worte Glück und Schönheit?
*Wir können sie interpretieren wie wir wollen. Es geht um das Erlebte.*
Glück ist dein Erlebnis, Schönheit unseres, eigentlich meins.
*Glück gibt Schönheit. Die innere, natürlich.*
Oder hängt alles vom Betrachter ab?
*Wie kann die Dichterin das wissen?*
Das weiß wer die Dichterin liest.
*Oder wer sie nur beobachtet.*
Wie meinst du das?
*Lustvoll. Wie sonst?*

## 45

*Tiefes Erleben wird im Vers reflektiert.*
Der Vers ist ein Mittel, das ausufert und aus der Mitte des Wesens springt.
*Dann fließt er durch den ganzen Körper.*
Die Person wird glücklich.
*Das erinnert daran, dass du ein Teil der Welt bist und sie in dir trägst.*
Es geht um das eigene Bewusstsein und die Welt in sich.
*Für dich ist jeder Augenblick ein Genuss dieser Durchströmung.*
Das spürt man in jedem Ton, jedem Geruch und jeder Berührung.
*Wie?*
Als würde man über intime Gegenden schreiten.
*Über mich weiß ich aber schon alles.*
Du irrst dich.

46

Ich werde mit dem äußeren Leben abschließen.
*Was hat das zu bedeuten?*
Ich werde mich der Poesie widmen.
*Wie der Liebe? Wie einem Mann?*
Warum muss ein Mann die Liebe sein?
*Du bist kein Mann.*
Du bist eine Illusion.
*Woher dann die Leidenschaft?*
Eigentlich ist alles Poesie.
*Wie werden wir uns dann lieben?*
Mit Worten.

## 47

*Du bist eine Frau aus den Träumen.*
Übertreibe nicht. Es gibt auch eine dunkle Seite.
*Sicher, es gibt sie. Aber du heilst dich mit der Kunst.*
Du wirst Teil meiner Geschichte sein.
*Warum?*
Weil du das Wesentliche begreifst. Sowohl die Geschichten als auch das Leben.
*So etwas habe ich bis jetzt noch nicht gehört.*
Die Geschichten beinhalten nur einige Sätze.
*Ich bin ein Entertainer.*
Und drehst die Wirklichkeit um.
*So versuche ich, zu überleben.*

48

*Ich meine, dass wir das Gespräch beenden sollten.*

Warum?

*Ich könnte mich in dich verlieben. Das würde ich dir nicht verzeihen.*

Sei vorsichtig mit deinen Worten.

*Du auch.*

Was ist das für ein Spiel!

*Was?*

Die Dialoge.

*Spiel und Liebe zur Sprache. Was bedeutet, Kurzgeschichten zu schreiben?*

Ihr Kritiker müsstet das wissen.

*Das, was du sagst, sollte das Maß der Dinge sein.*

Du redest wie ein verliebter Mann. Schaltest den Verstand aus.

## 49

*Ich fühle, dich lieben zu können. Dich – wie eine Freundin, ein Mädchen, eine Frau.*

Du bist sehr optimistisch.

*Ich glaube, dass im Unmöglichen das Mögliche erreichbar wäre.*

Das ist paradox, aber teilweise richtig.

*Wir leben in der Welt der Möglichkeiten. In der meistens alles unmöglich ist.*

Und das ist gut so. Was sollen wir
mit dem Möglichen?

## 50

*Wann werde ich sagen können, dass ich dich liebe?*
Du kennst mich nicht. Du liebst eine Illusion, ein Bild, das du erschaffen hast.
*Und was haben wir anderes als Bilder von einander?*
Meinst du Illusionen?
*Wenn wir uns tausend Mal gesehen hätten, auch das wäre nur ein Bild.*
Und die Literatur? Haben wir sie auch nicht?
*Womöglich nicht, aber sie ist da.*
Alles hängt vom Winkel der Betrachtung ab.
*Dich zu lieben, muss nicht abnormal sein.*
Es gab schon größere Irrtümer.

## 51

Ich flüchte vor den Menschen.
*Aus einem einzigen Grund bist du nicht*
*vor mir geflohen.*
Gern möchte ich wissen, warum.
*Ich bin in der Nähe, versuche nah zu sein,*
*spüre dennoch Distanz.*
Ich mag diese Distanz.
*Du musst etwas wissen.*
Wenn es schmerzt, sage nichts.
*Es tut nicht weh. Es handelt von der Liebe.*
Sie zerstört das Wesen.
*Liebe kategorisiert die Würde.*

52

*Schreibe über die Liebesgeschichte der Dichterin. Hast du geliebt? Wurdest du geliebt?*

Meinst du, dass es interessant wäre?

*Nie – nie vergesse ich, dass du eine Dichterin bist.*

Das heißt?

*Das unterscheidet mich von anderen. Oder,*
*ich hätte gerne, dass es so wäre.*

Gefährliches Gespräch.

*Für dich. Für mich ist das die Sprache der Liebe.*

Und die ist nicht gefährlich?

*Es ist gefährlich, ohne sie zu sein.*

53

*In dir pocht das Leben; und das unter-*
*scheidet dich von den Anderen.*
Auch die Anderen leben.
*Nicht mit so einer Leidenschaft.*
Du sprichst in der Ursprache der Poesie.
*Warum kommunizierst du mit mir?*
Weil deine Augen zum Leben schauen.
*Und deine?*
Zum Spiegel.

## 54

Glaubst du an Gott?

*Eine intime und schwierige Frage.*

Dann antworte nicht!

*Doch, ich will. Ich möchte es mir selbst erklären.*

Es gibt keinen Gott.

*Nicht als Institution. Doch gibt es einen universellen Geist.*

Er ist in der Kunst zu finden. Besonders in der Literatur.

*Deshalb bin ich ihm nah. Nicht als Schöpfer, sondern als Übersetzer.*

Liebe ist das Wichtigste im Menschen.

*Du sollst nicht labern.*

Liebe zur Liebe, Sinn zur Kunst.

*Oder der Religion.*

Die Kunst ist diesem Prinzip näher.

## 55

*Es ist fatal, wie du die Liebe betrachtest.*
Vielleicht im Gefühl. Liebe muss fatal sein.
*Sie ist ein Prozess, existiert außerhalb von uns.*
Es gibt sie nur noch in der Literatur.
*Wir sind die ganze Zeit in der Literatur, aber wir ergeben uns ihr nicht. Wir sind verdammt.*
Vielleicht du. Ich nicht.
*Du bist doppelt verdammt, weil du Dichterin bist.*

56

Ich betrachte den Wahnsinn der Welt.
Verstehe nichts.
*Weil das so ist, brauchst du für alles eine Erklärung,*
*musst in allem einen Sinn finden.*
Ich flüchte mich in die Bücher und tue so, als
gäbe es um mich herum nichts anderes.
*Wie im "Dekameron"?*
Ich flüchte vor mir selbst.
*Zum Glück.*
Oder Unglück.

## 57

*Ich versuche, dir näher zu kommen.*
Denkst du, das ergibt einen Sinn?
*Ich glaube, ja. Möchte nichts überstürzen*
*und dich nicht vor vollendete Tatsachen*
*stellen.*
Du übertreibst.
*Übertreiben kann humorvoll und interessant sein.*
Kann aber auch zum Absurdum
führen und uns trennen.

Gefühle formen sich nicht plötzlich und schnell. Nicht in wenigen Tagen.
*Man kann sie bewegen. Wir kreieren nicht nur Text, sind oft auch vom Kontext abhängig.*
Das merke ich mir.
*Auf eine Art anzufangen, bedeutet nicht, auch so zu beenden.*
Gut.
*Du bist kühl und distanziert.*
Das bedeutet nicht, dass ich gefühllos bin.

59

Was machst du?
*Ich schreibe eine Geschichte.*
Wieder eine banale.
*Kann man sagen.*
Wirklich, du banalisierst die Dinge.
*Das Leben an sich ist banal.*
Unsere Gespräche sind die ernsten Seiten des Lebens.

60

Meine Welt ist verschlossen.
*Vielleicht bin gerade ich derjenige, der dich aus dem*
*Labyrinth der weißen Handschuhe herausführen*
*sollte.*
Warum bist du der Meinung, dass ich in
einer solchen Welt bin?
*Weil du nicht liebst, nicht fühlst.*
Sei nicht so sicher.
*Reine Aristokratie. Immer die Masken.*
Hör auf!
*Einbahnstraßen lehne ich ab. Auch, wenn*
*sie zum Ausgang führen.*
Im theoretischen Sinne.
*Im praktischen, natürlich.*

## 61

Ich möchte nicht, dass unsere Gespräche nur zur Leidenschaft führen.
*Du weißt selbst, das wird nicht geschehen.*
Wenn wir fortfahren, könnten wir platzen.
*Bist du sicher?*
Du nicht?
*Alles ist so schnell.*
Aber sehr schön.
*Ich habe alles vergessen. Die ganze Vergangenheit. Jetzt bist du nur noch da.*
Auf der anderen Seite der Welt.

62

Wenn es dich nicht gäbe, könnte ich die Welt erobern.
*Was mache ich denn?*
Ich könnte dich lieben.
*Auch das ist gefahrvoll?*
Es könnte sein.
*Erobern sollst du die Welt in dir. Und dich in ihr.*
Werden uns diese Worte näherbringen oder trennen?
*Ich weiß nicht. Wir haben uns entfremdet.*
Von wem? Von der Welt?
*Von uns selbst.*

63

Ich habe ein Gedicht geschrieben.
*Worüber.*
Über das Kreuz, Gott, die Worte und darüber, wie man liebt.
*Schick es mir!*
Ich fürchte, es wird dich erschrecken.
*Warum?*
Du bist kein Dichter, du bist Kritiker.
*Du machst mich wahnsinnig, ich weiß nicht mehr, mit wem ich das Spiel begonnen habe.*
Und die Angst?
*Bleibe der Angst fern.*

64

*Diese Gespräche führen mich weg von der Wirklichkeit.*
Wohin?
*In eine magische Welt.*
Was gibt es in ihr?
*Nur zwei Menschen, die sich unterhalten.*
Eine Scheinwelt.
*Wie ist sie entstanden?*
Zwischen Poesie und Erotik.

65

*Komm aus der Membrane, so ist es schöner.*
Welche Membrane?
*Befreie dich von der Angst.*
Das ist die Art, dir Nacktheit zu zeigen.
*Könnte sein.*
Vielleicht kannst du nicht genießen.
*Die ganze Schönheit ist in dir. Du bist eine*
*Frau und Dichterin.*
Und du Literaturprofessor.
*Und alles mache ich zur Narration.*
Wir tun das. Wir.

66

*Du bist Dichterin.*
Na und?
*Jedes Wort wird dir verziehen.*
Auch außerhalb der Gedichte?
*Ja.*
Auch das Unausgesprochene.
*Auch das.*
Wie kann man etwas verzeihen, was es nicht gibt.
*Du sollst dich nicht aufregen.*
Es gibt keine Zeit für Gefühle.

67

Stört dich, dass ich unsere Gespräche aufschreibe?

*Alle können das lesen, was du aufschreibst.*

Na und?

*Das ist unser intimer Raum.*

Aber niemand weiß, dass es uns gibt.

68

*Alles was dich betrifft, interessiert mich sehr.*
Wieso?
*Du kommst aus einer Welt, weilst in einer anderen und lebst in einer Dritten.*
Was sind das für Welten?
*Die der Wissenschaft und Poesie.*
Und die Dritte?
*Die Welt der Wünsche.*
Wie ist die?
*Ich weiß nicht. Ich bin dabei, sie zu entdecken.*
Wenn ich es dir erlaube.
*Das wirst du.*
Sei nicht so sicher.

69

*Unsere Gespräche sind nicht ziellos.*
Das denke ich auch.
*Sie sind Verstand, Wort und Geschichte.*
Vielleicht auch Liebe.
*Du bist prätentiös.*
Vielleicht bist du ein Mann.
*Starke Eigenschaft und starkes Wort.*
Gibt es Wichtigeres als das?
*Halten wir uns jetzt an der Wirklichkeit fest.*

70

Ich schreibe so, als wären diese Tage die letzten meines Lebens.
*Ich lese so, als wären diese Tage die letzten meines Lebens.*
Die Kunst sucht sich die Zeit nicht aus.
*Und sie kümmert sich nicht um die Situation.*
Sie verlangt, jetzt ausgedrückt zu werden.
*Und was wird dann?*
Leben.
*Als wären diese Tage im Leben die letzten.*
Genau so.

## 71

Glaubst du, dass man in der Literatur leben kann?
*Ist das nichts?*
Ich verschwinde, verschmelze mit dem Text.
*Du rufst die Leere in mir hervor.*
Ich unterstütze die Einsamkeit.
*Das macht dich glücklich?*
Du sprichst schneller als du denkst.
*Ich greife die eigene Sprache an.*
Und deswegen fühlst du dich wohl?
*Nein. Ich möchte dich angreifen.*
Du siehst nichts anderes als den Körper.
*Ich sehe nichts anderes als die schreibende Hand.*

## 72

Du bist meine Projektion.
*Wie denn?*
Eigentlich kennen wir uns nicht.
*Dann wirf die Gedichte weg, Erzählungen, Dialoge. Alles weg ...*
Mein Atem stockt.
*Wir kennen uns nicht.*
Deine Worte schneiden in den Körper.
*Genau wie deine.*
Vielleicht könnten wir glücklich sein.
*Du bist meine Projektion. Es gibt dich nicht.*

73

In der realen Welt hättest du dich nicht
für mich entschieden.
*In der Welt des Möglichen hätte ich mich*
*für dich entschieden.*

## 74

*Können wir das Leben genießen?*
Warum denkst du, dass ich dir antworten kann?
*Du sollst nicht weiter so narrativ sein.*
Wir sollten nach dem gleichen Prinzip fortfahren?
*Ja. Schließe alles aus dir aus. Jede Emotion.*
Wirklich alles?
*Vernichte alles, außer die Worte.*
Sie reichen für die Rettung.
*Rettung wovor?*
Vor dem Leben.

75

Ich möchte nicht aufgeben.
*Was?*
Dich.
*Ich bin nicht mit einem Plan gekommen.*
Schließe die Augen und stelle dir einen Kreis vor.
*Den du um mich herum zeichnest?*
In ihm wird sich heute Nacht die ganze Welt versammeln.
*Schließe die Augen und höre mit der Kontrolle auf.*
Welcher?
*Der Emotionen.*

76

*Das Leben ist Leidenschaft und Poesie.*
Nur?
*Geh zum hedonistischen Diskurs.*
Die Zukunft plane ich nicht.
*Davor fürchte ich mich nicht.*
Wovor?
*Vor dem Augenblick, der das Mögliche zerstört.*

## 77

*Ich fand dich in jedem Wort des Buches.*
Du vergisst das Erlernte.
*Konstant bevorzugst du ein anderes Narrativ.*
Du kannst nicht lesen.
*Immer verstellst du die Dinge.*
Die Dinge sind in mir.
*Auch das Messer? Auch der Spiegel?*
Auch das (Un-)Glück der Welt?
*Sei etwas diskreter.*
Worüber redest du?
*Manchmal sollst du schweigen. Manchmal*
*nur ein Wort aufschreiben.*
Bleib einen Augenblick ruhig.
*Warum?*
Ich lausche der inneren Unruhe.

78

*Was macht dich nervös?*

Die Worte. Im Vergleich zu ihnen sind Schläge lächerlich.

*Ist es so? Frage den, dem der Schädel platzt.*

Worte bringen die größte Verlogenheit in die Welt.

*Du übertreibst.*

Die schlimmsten Lügen der Welt.

*Du vergisst das Universum. Oft vergesse ich, wie klein die Welt ist.*

Wie banal du bist!

*Auch komisch. Kannst du ruhig sagen.*

Auch primitiv. Sehr.

79

*Die Kunst ist eine Lüge.*

Hörst du dich selbst?

*Sie erleichtert das Leben. Erklärt die Existenz. Gibt die Antworten.*

Alles. Sie ist die vollkommene Art der Kommunikation.

*Um Gottes Willen! Mit wem?*

Mit sich selbst.

*Das ist eine sehr große Romantisierung!*

Wie kann man Kunst schaffen und nicht leben?
*Man darf sich nicht von der Wirklichkeit entfernen.*
Davor schreckst du nicht zurück.
*Ich idealisiere die Menschen, dann wünsche*
*ich das kosmische Unglück.*
Du siehst die Wirklichkeit nicht. Das
ist das kosmische Unglück.
*Du idealisierst die Menschen, lehnst sie aber ab.*
Was kann ich mit ihnen tun?
*Immer verurteilst du mich. Leise und unaufdringlich.*
Ist das keine Kunst?
*Wie meinst du das?*
Ich verströme dich in den Versen.
*Ich bin wirklich ein glücklicher Mann.*

## 81

Was ist Glück? Ein Trugbild. Von kurzer Dauer.
*Haben wir das Recht, uns des Glückes zu entledigen, wenn auch für nur kurze Zeit?*
Wie sollen wir es nennen?
*Das Geistige, das Physische, das Spirituelle, das Sinnliche.*
Interessant.
*Du bist wirklich grob.*
Ich brauche das Unglück, um zu schreiben.
*Du tötest die Wirklichkeit.*
Jetzt bin ich schon eine reife Frau.
*Und hast du dich unter Kontrolle?*
Die Poesie wird immer besser.
*Es ist sinnlos, weiter zu reden.*
Mit wem?

## 82

*Du bist traurig?*
Wie weißt du das?
*Ich spüre es.*
Die Dichtertraurigkeit?
*Deine Traurigkeit ist nicht nur deine.*
Deshalb ist sie noch schwerer.
*Jeder Dichter ist ein bisschen "Werther" und hat die Neigung zum Unglück.*
Nicht unbedingt, aber ich brauche Unglück.
*Wofür?*
Für das Glück.
*Im Gedicht?*
Wenn ich mich vom Gedicht befreie.

83

*Du könntest die Hauptprotagonistin eines Romans sein.*
Und was wäre ich damit?
*Eine sehr interessante Persönlichkeit.*
Interessant ist eigentlich nur das, was ich schreibe.
*In der Poesie enthüllst du dich am besten.*
Poesie ist der Kern meines Wesens.
*Du schreibst keine Gedichte.*
Sondern?
*Du presst Tropfen für Tropfen deines Wesens aus.*
Jeden Tag verwandle ich mich in ein Gedicht.
*Du bist ein einziges Gedicht.*

84

Ich bin einsam. Ich bin kosmisch einsam.
*In welche Richtung gehst du?*
In die Richtung des Unglücks.
*Betrifft das ausschließlich die Menschen?*
Nein. Mit den Menschen habe ich nichts zu tun.
*Warum bist du dann einsam?*
Weil ich keinen Mut habe, endlich für immer wegzugehen.

## 85

Ich möchte nicht, dass meine Welt zerfällt.
*Ich möchte nicht, dass du zerfällst.*
Ich flüchte vor allem in die Buchstaben.
*Die Worte würden dich verschlingen.*
Dann hätte ich nichts mehr, worüber ich schreiben könnte.
*Das würde nur für dich tragisch sein.*
Es wird nichts mehr geben, was ich mir selbst sagen kann.
*Was ist geschehen, dich so der Literatur hinzugeben?*
Es ist wichtiger, wie man sich aus der Literatur retten kann.

86

Was soll ich tun?
*In welchem Sinne?*
Alles scheint so, als ob es mich nicht gäbe.
*Du hast dich nur ein wenig verloren.*
Übertrieben?
*Du hast dich entblößt.*
Soll ich aufhören?
*Das schlage ich dir vor.*
Ich kehre zum Ausgangspunkt zurück.
*Welchem?*
Damals, als du nicht wichtig warst.
*Kehre zu dem Tag zurück, an dem du dir selbst wichtig gewesen warst.*

87

Die Liebe zu mir interessiert dich nicht.
*Doch. Nur nicht über sie zu sprechen.*
Wie meinst du das?
*Wenn man viel redet, verschwindet*
*sie, wird abgenutzt.*
Die Liebe?
*Genießen wir sie für den Anfang.*
Ohne Gefühle?
*Die Gefühle werden nicht verloren gehen.*
Wenn es etwas nicht gibt, kann es
auch nicht verloren gehen.
*Wir haben sie, wir zeigen sie nicht.*

88

*Du formst uns nach dem persönlichen Gefühl.*
Und wie sollte es anders sein?
*Alles ist deine Projektion. Immer bist du die Wichtigste.*
Ich forme nur eine Geschichte, um sie eines Tages aufzuschreiben.
*Ist es nicht wichtiger, ein wenig zu genießen, nur ein wenig?*
Wir haben uns zum intimen Diskurs geführt.
*Bevor wir uns nicht berühren, können wir nicht*
*wissen, was das bedeutet.*
Wie ist die Natur des Intimen?
*Wir begehren einander. Das wissen wir.*
Wie?
*Im physischen, körperlichen Sinne.*
Und was geschieht dann? Wenn wir das Intime beherrscht haben.
*Das kann man jetzt nicht wissen.*

89

Das ist keine Liebe.

*Sondern?*

Keine Liebe zum anderen, im klassischen Sinne. Das ist Liebe zu sich selbst.

*Die Umstände, Menschen und Ereignisse machen dich zur Liebe.*

Das sind Momente, wenn man sich der anderen Person hingibt. Sie sind wegen der ganzen Vereinigung mit sich selbst entstanden.

*Alles ist nur Geschichte über dich selbst.*

Und die Liebe.

90

*Ich habe jetzt zum ersten Mal die Poesie aus mir selbst in die reale Welt übertragen.*

Aber du bist kein Dichter.

*Ich weiß, was die Poesie ist.*

Du schreibst sie nicht, du schaffst sie nicht. Du liest sie nur. Du fühlst sie vielleicht.

*Die Poesie ist ein Reservoir für die Liebe.*

Ach!

*Und du bist in ihm.*

Du bist sehr pathetisch.

*Nur aus einem Grund übertreibe ich, romantisiere ich, im Umgang mit dir.*

Aus welchem?

*Aus dem der Poesie.*

91

Der Tod ist das Ende.
*Was sonst?*
Ich fürchte mich.
*Mir gefällt das Intime des Geschehens.*
Wie?
*Das Gefühl, wenn man sich selbst sagt, dass man sterben würde.*
Gibt es dabei etwas Besonderes?
*Es gibt etwas Göttliches.*
Wir sterben jeden Tag.
*Mehrmals am Tag.*

92

Mich kann nur Literatur retten.
*Es scheint dir nur so, als ob sie dich retten könnte.*
Alles andere ist verloren.
*Wenn du sagst verloren, unterschreibst du das Ende.*
Ich versöhne mich mit mir selbst.
*Das ist aber kein Ende.*
Doch. Es ist das Ende von Allem
  was ich ausgedacht hatte.
*Dann fange mit dem Zweiten, Dritten*
  *... dem Tausendstem an.*
Sinnlos.
*Suche den Sinn nicht in Allem. Du kannst*
  *nur existieren.*

93

Du hast die Geschichte verlassen. Es gibt dich nicht mehr.
*Meinen Fehler werde ich mit Sicherheit verbalisieren. Bis dahin kann ich mich nur bei dir entschuldigen.*
Das hat keinen Zweck.
*War es von Anfang an zwecklos?*
Hast du ein Bedürfnis, mich das zu fragen?
*Unsere Beziehung war unangenehm. Deswegen entschuldige ich mich.*
Du musst dich nicht entschuldigen.
*Echter Horror.*
Du bringst mich in eine fürchterliche Lage.
*Willst du das?*
Als ob du mich nicht kennen würdest.

94

Warum bist du gegangen?
*Ich konnte deine Imagination nicht ertragen.*
Du gehst in dem Moment, in dem Phantasie Wirklichkeit werden könnte.
*Genau. Das ist keine Flucht vor dir, sondern die Flucht vor mir selbst.*
Hast du das in irgendeinem Roman gelesen?
*Nein, habe ich nicht.*
Du prüfst die Grenzen und genießt die Flucht.
*Es wird so sein.*
Einmal wirst du stehenbleiben, oder Jemand wird dich zum Stehen bringen.
*Vielleicht wird das Jemand mit dir tun, auch du bist nicht statisch.*

95

*Du bist manchmal seltsam, aber sonst brillant.*
Seltsam?
*Die Literatur bremst dich.*
Es war schön, sich mit dir nicht zu unterhalten.
*Gehe weg vom Teufel!*
Von dir oder von der Literatur?
*Der Literatur. Sei das gemütlichste Wesen im Universum.*
Dieser Teufel bin ich selbst.
*Das Schreiben geschieht immer in der Hölle.*
Ich freue mich darauf.

96

*Schreibst du?*
Viel.
*Wie kannst du so viel schreiben? Woher nimmst du die Kraft?*
Weil für mich alles andere sinnlos wäre.
*Alles andere ist sinnlos.*

97

*Für dich sind alle Fragen abgeschlossen. Du hast eine Lösung gefunden, wie du aus deinem Teufelskreis herauskommst.*

Manchmal schon.

*Wenn du an Sinnlichkeit denkst, wäre das nicht der richtige Weg.*

Aber eine Projektion.

98

*Alles war wunderschön. Sowohl dein Körper als auch deine Worte.*
Am Ende wurde es schwierig.
*In einigen Augenblicken war ich erschüttert.*
Du bist nicht stark genug, um Gefühle auszuhalten.
*Leider.*

99

Ich habe das Buch beendet.
*Welchen Teil von dir hast du verloren, während du es geschrieben hast?*
Gibt es etwas Erhabeneres als das?
*Als was?*
Sich selbst in einer anderen Person zu erkennen.
*Und? Hast du dich erkannt? Wie kann ich dich finden?*
Mühelos.

# Nachwort

Die Autorin des Buches *Eintritt ins Leere,* Melida Travančić ist nicht nur eine renommierte bosnisch-herzegowinische Schriftstellerin, sie ist u. a. promovierte Literaturwissenschaftlerin und Literaturkritikerin.

Ihr neustes literarisches Werk *Eintritt ins Leere* wurde *bei* der Buchmesse in Sarajevo mit dem Jahrespreis für das beste Buch des Jahres 2021 ausgezeichnet.

Als Übersetzerin des Buches aus dem Bosnischen ins Deutsche möchte ich einige Eindrücke erläutern.

*Eintritt ins Leere* ist eine autobiographische Skizze, verfasst in der traditionellen, bereits seit der Antike bekannten Dialogform. Es handelt sich um Dual-Dialoge, wobei zwei Personen eine rasche Kommunikation in der Sprache der digitalen Welt entwickeln, die im Duktus von SMS (Short Message Service) geschrieben wurden.

Damit verbindet Melida Travančić auf interessante Weise eine alte, durch alle Epochen der

Literaturgeschichte tradierte und in verschiedenen Variationen vorhandene Dialogform mit neuzeitlichem, modern-sprachlichem Ausdruck. Sie bedient sich ausgewählter Lexika, wobei sie auf der syntaktischen Ebene knappe, kraftvolle und vor allem klare Aussagen entstehen lässt.

Das Buch ist in neunundneunzig nummerierte Dialogeinheiten gegliedert, die eine kreative Spannung erzeugen, in der sich die Weltanschauungen der beiden Sprecher widerspiegeln. Vor allem die philosophischen Gedanken über den Sinn des Lebens, aber auch die persönlichen Gefühle, Sehnsüchte, Bedürfnisse, Wahrnehmungen und vieles mehr.

Der erste Dialog führt den Leser in die Geschichte ein. Alle folgenden entwickeln sie weiter und vertiefen sie bis in die komplizierte Beziehung zwischen Mann und Frau. Optisch gleichen diese Dialogeinheiten der Gedichtform und beinhalten auch zahlreiche lyrische Elemente.

Melida Travančić bietet dem Leser eine interessante Darstellung globaler Kommunikation zwischen zwei Menschen sowie zwei Denk-und Gefühlsprinzipien: Weiblich und männlich, die einander oft opponieren und sich dennoch ständig auf der Suche nach Annäherung befinden. Trotz großer Distanz der beiden Akteure, die vor allem die Liebe zur Kunst, insbesondere zur Literatur, verbindet, befinden sie sich von Anfang an stets in einer lebendigen verbalen Interaktion, wie z. B. im Dialog Nr. 51:

> Ich mag diese Distanz. *Du muss etwas wissen.* Wenn es schmerzt, sage nichts. *Es tut nicht weh. Es handelt von der Liebe.* Sie zerstört das Wesen. *Liebe kategorisiert die Würde.*

Die Frau und Lyrikerin glorifiziert das Wort, verleiht ihm eine magische und mystische Eigenschaft und behauptet: „Die Worte haben eine Seele“.

Der Poesie schreibt sie eine heilende Wirkung zu. Der Kunst, insbesondere der Literatur, verleiht sie metaphysische Eigenschaften. Hier wird behauptet, dass der universale Geist (Gott) sich in der Kunst, besonders in der Literatur befindet (Dialog Nr.54).

Er, der Mann, Literaturwissenschaftler, Kritiker und Literaturprofessor, versucht das Gespräch zum hedonistischen Diskurs zu lenken:

> *Ist es nicht wichtiger, ein wenig zu genießen, nur ein wenig?* Wir haben uns zum intimen Diskurs geführt. *Bevor wir uns nicht berühren, können wir nicht wissen, was das bedeutet.* Wie ist die Natur des Intimen? *Wir begehren einander. Das wissen wir.* Wie? *Im physischen, körperlichen Sinne.* (Dialog Nr. 88)

Obwohl im Wesen sehr unterschiedlich, lernen sie sich durch den Austausch der jeweiligen emotionalen und gedanklichen Anschauungen besser kennen. Sie kommen sich näher und lieben sich sogar „mit den Worten". Sie befinden sich stets im Spiel, in dem sie die Grenzen des eventuell Möglichen antasten. Beide sind unsicher und haben Angst vor der möglichen Begegnung in der Wirklichkeit:

> *Wann werde ich sagen können, dass ich dich liebe?* Du kennst mich nicht. Du liebst eine Illusion, ein Bild, das du erschaffen hast. *Und was haben wir anders als Bilder von einander?* Meinst du Illusionen? *Wenn wir uns tausend Mal gesehen hätten, auch das wäre nur ein Bild.* (Dialog Nr.50)

Hier bleibt fast alles im Verborgenen, keine Deskription, kein Topos, keine physischen Merkmale, nicht einmal die Andeutung einer Kulisse.

Es wird nur so viel erfahren, dass sich die Lyrikerin mit dem Initial M. vorstellt, der Literaturwissenschaftler und Kritiker mit einem N.

Da die Außenwelt ausgeschlossen wurde, entsteht der Eindruck, dass alles, was gedacht, gefühlt und gesagt wird, sich in einem leeren Raum abspielen würde. Die Motive des Textes sind zahlreich, wobei der Spiegel, der sowohl archetypisches als auch modernes Symbol ist, hier eine besondere, vielschichtige Bedeutung bekommt. Zusammen gelingt es den beiden Personen, eine poetisch-philosophische Konzeption zu entwickeln, wobei beidseitig erotische Anspielungen explizit werden. Gerade diese erotische Note im Text fungiert wie ein roter Faden, der eine besondere Spannung im Gespräch bekräftigt und zusammenhält.

Bei diesem Buch handelt es sich um eine unspezifische literarische Gattung mit Elementen des Dramas, der Kurzprosa und der Lyrik. Deshalb wird *Eintritt ins Leere* von der Literaturkritik verschiedenen literarischen Genres zugeordnet. Einige bezeichnen das Buch als Roman in Dialogform, andere als Drama, wiederum andere ordnen es der Lyrik zu. Die Besonderheit dieses autobiographischen Werkes besteht nicht nur aus der Verbindung der tradierten Dialogform mit der modernen Sprache der digitalen Welt und der Vermischung der literarischen Gattungen. Sie zeichnet sich vor allem durch die Kraft der Gedanken, der Imagination und der Sinnlichkeit der Autorin aus.

Im Buch spiegelt sich die Zeit, in der wir leben. Trotz aller technologischen Errungenschaften in der Kybernetik und bei der Entwicklung von Robotern definiert sich der Mensch auch durch die Kunst.

*Eintritt ins Leere* könnte auch als Überschreitung der Schwelle in die neue Zeit der künstlichen Intelligenz gedeutet werden. Doch mit diesem Werk vermittelt uns Melida Travančić die Hoffnung, dass die Kunst, vor allem die Literatur, auch nach dem Eintritt in die neue Epoche weiter existieren wird.

Danica Nain Rudović

# Biografien

**Melida Travančić** wurde 1985 in Doboj, Bosnien-Herzegowina geboren, lebt in Tešanj und arbeitet im Zentrum für Kultur und Bildung. Sie ist Schriftstellerin, Wissenschaftlerin und Essayistin und promovierte in humanistischen Wissenschaften. Sie publizierte mehr als zwanzig wissenschaftliche Abhandlungen und Literaturkritiken. Seit 2007 veröffentlicht sie Lyrik und Essays in Almanachen, Anthologien und Literaturzeitschriften in Bosnien Herzegowina, Serbien, Montenegro, Kroatien und Mazedonien. Sie ist Autorin von drei Lyrikbänden: *Ritual,* Tešanj 2008, *Seidene Laken,* Tešanj 2009 und *Schatten im Schatten,* Tešanj 2019 sowie zwei Büchern in Prosa: *Der Tod im Spiegel,* Tuzla 2019 und *Eintritt ins Leere,* Tuzla 2021.

Folgende Bücher bereitete sie vor: *Narrative Literatur in Tešanj, Tešanj in der narrativen Literatur und Haiku Stadt: Tešanj im Lied, 2010.*

Es folgten zwei wissenschaftliche Arbeiten: *Eintrittskarte fürs Kabarett der Helden:* literarische

Reflexionen über das Attentat von Sarajevo, Tuzla 2019 und *Die Rekonstruktion der Wirklichkeit:* Ansichten über die gegenwärtige bosnisch-herzegowinische Literatur, Tešanj 2021.

Ihre Lyrik wurde ins Mazedonische, Englische, Spanische, Persische und Ungarische übersetzt. Teilnahme an mehreren nationalen und internationalen Poesiefestivals und internationalen wissenschaftlichen Konferenzen und Kongressen.

Sie erhielt folgende Preise: *Mak Dizdar, Anka Topić* und *Das Buch des Jahres* der Stiftung des Verlages Bosanska Riječ.

**Danica Nain Rudović** lebt in Berlin und ist Schriftstellerin, Übersetzerin, Slawistin, Balkanologin (Magister phil.) und langjährige Dozentin für Deutsch und südslawische Sprachen.

Geboren 1950 in Pjenovac, Bosnien-Herzegowina, schreibt sie Prosa und Lyrik und hat als Autorin sechs Lyrikbände veröffentlicht. Außerdem sind ihre Texte in mehr als vierzig Anthologien, Literaturzeitschriften und Almanachs u. a. in Deutschland, Bosnien-Herzegowina, Serbien, Dänemark, Rumänien, Polen, den USA und Frankreich erschienen. Sie schreibt auf Deutsch und Serbisch.

Für die Übersetzung der Lyrik von Rose Ausländer ins Bosnisch-Serbisch-Kroatische bekam sie die Auszeichnung des Deutschen Übersetzerfonds "Neustart Kultur". Von der Fundation des Verlages Lijepa Riječ erhielt sie auf der Buchmesse in Sarajevo den Jahrespreis 2021 für die beste Buchübersetzung. Sie veröffentlicht auch unter dem Namen Dana Nain Rudović.

Sie ist Mitglied im VS Verband deutscher Schriftsteller und im PEN Zentrum von Bosnien und Herzegowina sowie Mitbegründerin der Gesellschaft für Kultur Kontrast.